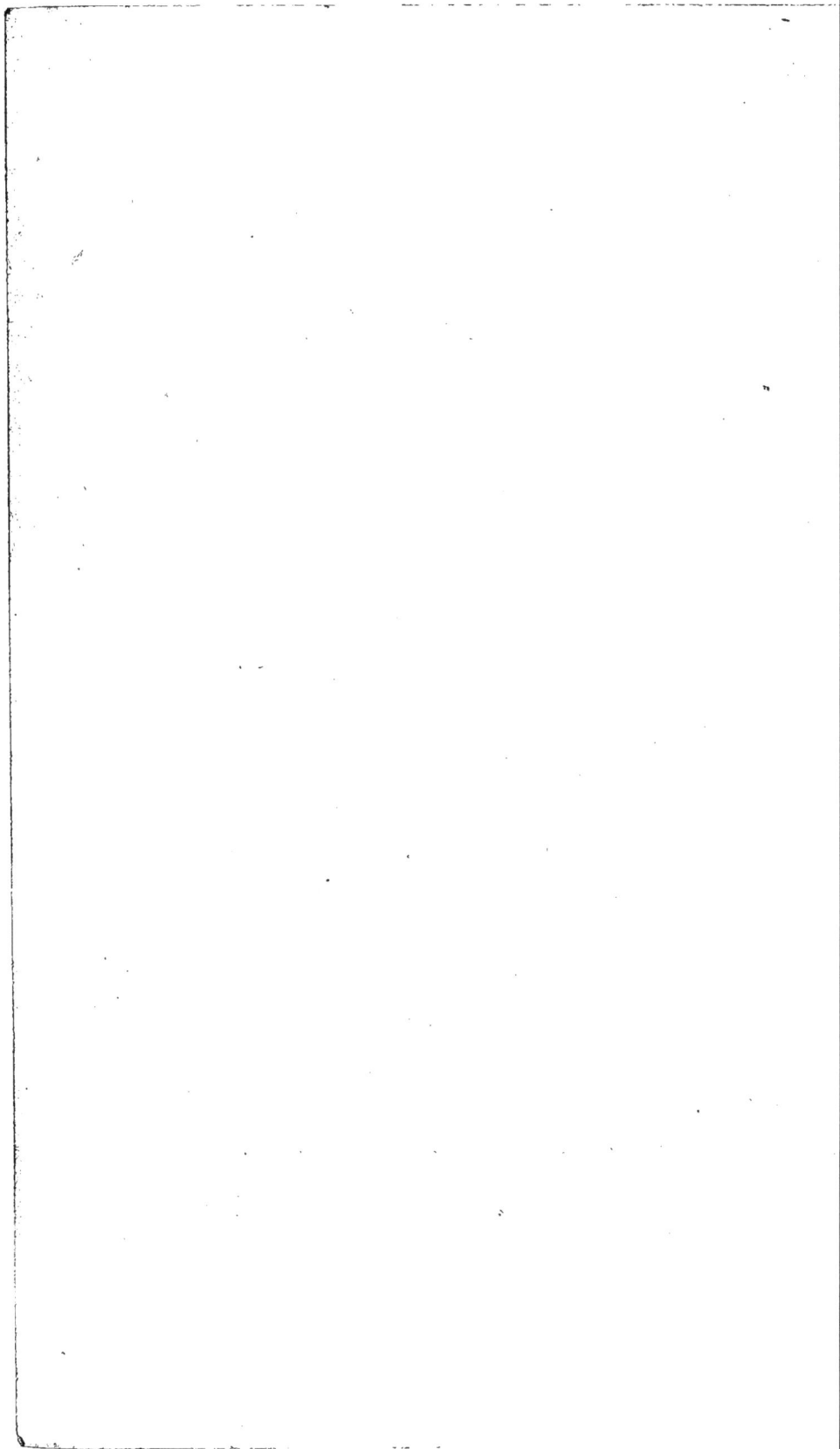

DIALOGUE

ENTRE

UN MAGISTRAT DE L'ORDRE ADMINISTRATIF

ET

UN EMPLOYÉ D'OCTROI.

À LILLE,

IMPRIMERIE DE LELEUX, GRANDE PLACE.

—

1830.

DIALOGUE

ENTRE

UN MAGISTRAT DE L'ORDRE ADMINISTRATIF

ET

UN EMPLOYÉ D'OCTROI.

LE MAGISTRAT. On m'a dit, Monsieur, que vous aviez passé plusieurs années dans les administrations d'octroi?

L'EMPLOYÉ. Oui, Monsieur, plusieurs années.

LE MAGISTRAT. Y avez-vous occupé plusieurs positions différentes?

L'EMPLOYÉ. Trois seulement; mais la différence des grades n'y fait pas grand'chose, parce que tous les emplois dans cette partie sont essentiellement laborieux et généralement mal rétribués : il n'y a jamais eu que les préposés en chef et les receveurs centraux qui aient été largement payé.

Le Magistrat. Auriez-vous la complaisance de m'expliquer ce que c'est qu'un préposé en chef d'octroi?

L'Employé. Très-volontiers, Monsieur; mais je dois vous avertir d'avance qu'il y aura dans la narration plus d'une chose qui vous surprendra. On entend par préposé en chef d'octroi, un préposé nommé par le Ministre des finances, sur la proposition du Maire, conformément à l'art. 155 de la loi du 28 Avril 1816.

Le Magistrat. Quel est le but, quelle est l'utilité de cette institution?

L'Employé. Le Gouvernement prenant 10 pour 100 dans le produit net des octrois, il a voulu avoir un agent à lui, un agent que lui seul nommerait et pourrait révoquer à volonté, pour surveiller les perceptions, en écarter les abus et surtout les vexations, tenir la main à la stricte exécution des lois et réglemens, assurer le bon ordre de la comptabilité et la bonne tenue des registres, etc. Le Gouvernement a voulu aussi que cet agent fût absolument indépendant de l'autorité locale; qu'il fût seulement sous les ordres immédiats des directeurs de la Régie, qu'il les informât exactement de tout ce qu'il remarquerait sous le rapport des contributions indirectes et des octrois : telles sont les instructions de la Régie rapportées, l'une au Recueil général de ses actes, tome 5, p. 565; l'autre au Mémorial du contentieux, tome 9, p. 403.

Le Magistrat. Je conçois, d'après la définition des obligations attachées au titre de préposé en chef d'octroi, que cet employé est l'homme exclusif du Gouvernement, c'est-à-dire de la Régie des contributions indirectes; qu'il doit être docile à ses leçons et à ses commandemens ; que s'il est zélé et entendu, il peut être utile aux perceptions : mais je conçois de même que c'est le Gouvernement qui le paie ou doit le payer, puisqu'il est son homme, indépendant de toute autre autorité. Sans doute il n'en est pas autrement?

L'Employé. C'est ici, Monsieur, que va commencer votre étonnement : ce préposé, quoi-qu'étant l'homme exclusif de la Régie, et nullement l'homme de la ville, puisqu'il ne doit de comptes qu'au directeur de la Régie, est pourtant payé par la ville, c'est-à-dire que son traitement fait partie des frais de perception. C'est peut-être un vice de la loi de 1816; mais cette loi existe, il faut la respecter. Quant à ce qui est relatif aux services qu'un préposé en chef pourrait rendre aux perceptions, je dois vous faire observer que cette classe d'employés se compose en général d'hommes protégés qui n'ont jamais rien fait, et souvent même jamais rien su faire. J'en excepte toutefois ceux qu'on a pris dans le militaire et dans le vieux personnel de la Régie. Ceux-là, à la bonne heure! ce sont en général des travailleurs qui savent utiliser leur temps; mais les autres sont de véritables pensionnaires des communes, et, pour le prouver, il me suffira sans doute de vous dire que j'en connais un qui a été près de douze ans sans mettre le pied dans un bureau d'octroi, et sans savoir comment se faisaient, ni d'où venaient les perceptions. Tous les registres déposent de cette vérité, car s'il eût fait des vérifications, il les eût signées, et c'est ce qu'il n'a fait nulle part.

LE MAGISTRAT. Qui fixe le traitement de ces Messieurs?

L'EMPLOYÉ. Le Ministre des finances, sur la proposition des Conseils municipaux.

LE MAGISTRAT. A qui, dans la Régie, assimile-t-on les préposés en chef d'octroi, suivant l'ordre hiérarchique des grades, et quel est le traitement de ceux à qui ils sont assimilés?

L'EMPLOYÉ. Les préposés en chef marchent sur la même ligne que les contrôleurs de ville de la Régie, et devraient à la rigueur être payés comme eux. Cependant, par l'effet d'une bizarrerie inconcevable, il est des Conseils municipaux qui votent pour les préposés en chef un traitement supérieur à celui des contrôleurs de ville. Il en est même un que je pourrais nommer, qui a voté pour le préposé en chef de son octroi, un traitement annuel de 6,000 fr., quand celui des contrôleurs de la Régie, dans la même localité, n'est que de 3,000 fr.

LE MAGISTRAT. Mais ce préposé en chef, rétribué, à ce qu'il me paraît, au-delà de toute proportion raisonnable, n'était-il point en même temps gérant de l'octroi?

L'Employé. Hélas! oui, Monsieur; il était juge et partie dans la même cause, et c'est un malheur de plus qui a coûté à la ville au moins 700,000 fr. dans l'espace de onze à douze ans. C'est le même dont je parlais tout-à-l'heure.

Le Magistrat. Comment 700,000 fr.! C'est au moins 60,000 fr. par an.

L'Employé. Oui, Monsieur, c'est au moins cette somme là, et la preuve pourrait s'en administrer au besoin.

Le Magistrat. Les malversations, les dilapidations de toute espèce étaient donc à l'ordre du jour? et le gérant, où était-il pour ne rien voir de ce qui se passait?

L'Employé. Les dilapidations, au dire de quelques censeurs, ont bien pu entrer dans cette somme pour près de deux septièmes; mais le surplus a pour cause, ajoutent-ils, l'ignorance du métier et le défaut de surveillance de la part du gérant; car, suivant les mêmes observateurs, non-seulement il est ignorant au suprême degré dans ce genre d'administration, mais encore il ne s'en est jamais occupé, tellement que des employés qui étaient sous ses ordres depuis quatre à cinq ans ne l'avaient jamais vu; tellement encore, qu'après douze ans de service, il ignorait que chaque registre de recette eût une seconde partie.

LE MAGISTRAT. L'autorité locale était-elle obligée de faire gérer son octroi par un pareil automate?

L'EMPLOYÉ. Je suis porté à croire qu'elle pensait qu'il ne pouvait pas, qu'il ne devait pas en être autrement. Elle était dans une erreur manifeste; c'est un malheur pour ses finances.

LE MAGISTRAT. Quel serait donc le moyen à employer par l'administration pour éviter la continuation d'un tel ordre de choses, s'il existe encore, et pour en prévenir le retour, s'il a disparu momentanément?

L'EMPLOYÉ. Ce moyen est extrêmement simple: il consiste, de la part de M. le Maire, à présenter à la nomination de M. le Préfet un employé qui aurait le titre de contrôleur en chef, et qui gérerait sous les ordres immédiats de M. le Maire.

LE MAGISTRAT. Mais alors la ville serait tenue à deux traitemens pour un, puisque celui du préposé en chef est une charge obligée?

L'Employé. Qu'importe, quand il est démontré qu'elle y gagnerait de 5o à 6o,ooo fr. par an.

D'un autre côté, la fixation du traitement du préposé en chef étant essentiellement dans le domaine du Conseil municipal, d'après l'art. 155 de la loi du 28 Avril 1816, celui de la ville dont j'entends parler n'oubliera pas, sans doute, à l'occasion, de voter la réduction de la moitié au moins du traitement de son préposé en chef; et en cela, il ne fera qu'imiter plusieurs autres Conseils municipaux, notamment ceux de Nevers et de Saumur, qui ont usé de ce droit il y a déjà long-temps; et certes, la sinécure dont est pourvu l'homme que vous traitez d'automate, sera encore assez et même trop bien rétribuée.

Le Magistrat. D'après les détails que vous venez de me donner, et surtout d'après les pertes éprouvées par la ville en question, et dont, dites-vous, la preuve pourrait se faire, je n'hésite pas un instant à me rendre à votre avis; et si, d'une part je suis étonné que d'aussi grands préjudices aient été causés à une ville par la faute d'un employé qui n'est pas le sien; d'une

autre, je ne le suis pas moins, que l'autorité locale soit restée aussi long-temps en sécurité sur le
plus important des objets confiés à sa sollicitude.

L'Employé. Mais, Monsieur, cette autorité
locale n'avait pas et ne pouvait pas avoir l'ex-
périence des perceptions dont il s'agit, et s'il
faut que je vous le répète, je suis persuadé
qu'elle se croyait dans l'obligation de faire gérer
son octroi par le simulacre d'employé qui lui a
causé ces énormes préjudices : voilà la source
du mal, voilà le grand mal.

Le Magistrat. Pensez-vous, Monsieur, que
dans l'intérêt de la ville, le système de gestion
que vous venez d'indiquer soit préférable au
système de la ferme?

L'Employé. Le système de la ferme est sans
contredit celui qu'une administration doit pré-
férer sous plus d'un rapport : d'abord, elle
connaît ses recettes par le prix du bail, et elle
peut dès lors régler ses dépenses en toute sécurité, et à quelqu'époque que ce soit de l'année.
D'un autre côté, elle se trouve naturellement
débarrassée des solliciteurs sans fin; débar-

rassée des compères et des commères, dont elle est souvent obligée d'accueillir les importunités, quoique ce soit presque toujours au préjudice des intérêts de la ville. Voilà, Monsieur, quel est mon avis, et dont je proposerais l'adoption au Conseil municipal, si j'avais l'honneur d'être Maire d'une ville qui aurait un octroi. Et si le Conseil rejetait ma proposition, alors je me renfermerais dans mon droit; je ferais nommer par M. le Préfet un contrôleur en chef, qui gérerait l'octroi en mon lieu et place, et sous mes ordres immédiats; je serais certain que celui-ci, qui serait à l'abri de toute espèce d'influence, qui n'aurait d'ordres à recevoir que de moi, de compte à rendre qu'à moi, gouvernerait les intérêts de la ville tels qu'ils doivent l'être. Quant au préposé en chef, je lui dirais: « Monsieur, vos attributions sont réglées par » les instructions de la Régie; étudiez-les, et » faites tout ce qu'elles vous recommandent » dans l'intérêt des perceptions. »

LE MAGISTRAT. D'après toutes ces explications, je ne me dissimule nullement qu'en effet une

administration commet une faute grave lors-
qu'elle confie la gestion de son octroi à un employé essentiellement indépendant d'elle, et
j'estime comme vous, Monsieur, qu'elle aurait
le plus grand intérêt à lui payer son traitement,
même au taux de celui des contrôleurs de la
Régie, et à le laisser s'acquitter selon son bon
plaisir, des obligations qui lui sont tracées par
les instructions de la Régie des contributions
indirectes, dont il a l'honneur d'être le très-
humble serviteur.

Toutefois, il faut en convenir, si le préposé
en chef d'octroi, qui a fait le principal sujet de
notre entretien, nous eût écouté et entendu, il
est indubitable qu'il se fût courroucé, et qu'il
eût en outre imputé à indiscrétion les questions
que je vous ai faites, et à calomnie tout ce que
vous avez dit relativement à sa gestion.

L'Employé. Cela est possible, Monsieur; mais
il n'est pas sans avoir quelques amis, autrement
experts que lui, et qui ne manqueraient pas de
lui dire : « Qu'on n'est point calomniateur pour
» faire des réflexions critiques sur la conduite

» d'un fonctionnaire public qui reçoit d'une
» commune 6 à 7,000 fr. par an, pour remplir
» des obligations dont il n'a pas les premières
» notions, et dont il ne s'est jamais occupé, au
» vu et au su de tout le monde; qu'en outre,
» la calomnie n'étant que l'imputation de faits
» faux, et ceux que j'ai avancés étant matériel-
» lement prouvés, notre homme se condam-
» nerait de lui-même à garder le silence, et c'est
» ce qu'il aurait à faire de mieux.

www.ingramcontent.com/pod-product-compliance
Lightning Source LLC
Chambersburg PA
CBHW061814040426
42447CB00011B/2640